LA NOUVELLE BASTIENNE,

OPERA-COMIQUE

EN UN ACTE.

Suivi du Divertiſſement de la Fontaine de Jouvence.

DE M. VADÉ.

Repréſenté pour la premiere fois ſur le Théâtre de l'Opera-Comique le 17 Septembre 1754.

Le prix eſt de 30 ſ. avec la Muſique.

A PARIS,

Chez DUCHESNE, Libraire, rue Saint Jacques, au-deſſous de la Fontaine Saint Benoît, au Temple du Goût.

M. DCC. LV.

Avec Approbation & Privilège du Roi.

LA NOUVELLE BASTIENNE,

OPERA-COMIQUE
EN UN ACTE.

Suivi du Divertiſſement de la Fontaine de Jouvence.

DE M. VADÉ.

Repréſenté pour la premiere fois ſur le Théâtre de l'Opera-Comique le 17 Septembre 1754.

Le prix eſt de 30 ſ. avec la Muſique.

A PARIS,

Chez DUCHESNE, Libraire, rue Saint Jacques,
au-deſſous de la Fontaine Saint Benoît,
au Temple du Goût.

M. DCC. LV.

Avec Approbation & Privilège du Roi.

ACTEURS.

BASTIEN.

BASTIENNE.

M. BARBARIN, *Seigneur du Lieu.*

FRONTIN, *Valet de Mr.* BARBARIN

** Vous trouverez à la fin de la Piéce un ajouté qu'on a fait à la Scene III. page 10. Après la ligne, Et que tu m'aimeras toujours; vous lirez : Si s'lon l' goût de ta magniére, &c.*

La Scene est dans une Campagne.

L A
NOUVELLE BASTIENNE,
OPERA-COMIQUE
EN UN ACTE.

SCENE PREMIERE.

M. BARBARIN, *seul.*

AIR. *La beauté sauvage.*

L n'eſt rien qui tienne
A l'attrait du bien,
Et pour moi, Baſtienne
Quittera Baſtien.
Je voudrois voir,
Qu'à mon pouvoir

A ij

Il fût rebelle :
Un tel maraut
Seroit bientôt
Loin de ces lieux ;
Et pour lors la Belle
M'en aimeroit mieux.

AIR. *Comme je l'étrillerois.*

Pour épier cette fille,
Frontin n'a rien negligé :
Je l'attends... & l'enragé
Ne vient point... Ah je pétille :
Morbleu, si je le tenois,
Comme je l'étrille, je l'étrille.
Morbleu, si je le tenois,
Comme je l'étrillerois.

SCENE II.

M. BARBARIN, FRONTIN.

AIR. *Du Prévôt des Marchands.*

ARRIVE donc Coquin.

FRONTIN.

Monsieur,
Vous me faites beaucoup d'honneur.

M. BARBARIN.

Reponds Maraut, que dit Baftienne?

FRONTIN.

Elle dit qu'elle aime Baftien.

M. BARBARIN.

Que fait-elle ?

FRONTIN.

Rien qui convienne

A votre amour.

M. BARBARIN.

Mais encor ?

FRONTIN.

Rien.

M. BARBARIN.

AIR. *M. l'Abbé où allez-vous.*

Te plaît-il de t'expliquer ?

FRONTIN.

Mais,

Cela veut dire en bon françois,
Que votre Rival goûte....

M. BARBARIN.

Hé bien ?

FRONTIN.

Par ce feul mot , fans doute ,
Vous m'entendez bien.

M. BARBARIN.

Air. *Eh qu'eſt c' que ça m' fait à moi.*

Hélas , ce récit affreux
Augmente encore mon martyre ;
Ainſi donc, ils ſont heureux ,
Et tu m'oſes ici le dire ?

FRONTIN.

Mais eſt-ce ma faute à moi ?

M.   BARBARIN.

Crains la fureur qui m'inſpire.

FRONTIN.

Mais eſt-ce ma faute à moi ?

M.   BARBARIN.

Air. *Mon petit doigt me l'a dit.*

Je ne ſçais à qui m'en prendre.
Si je ne dois rien attendre
En agiſſant par douceur ,
Bientôt la force ou l'adreſſe.

FRONTIN.

La contrainte à la tendreſſe
A toujours porté malheur.

M. BARBARIN.

AIR. *L'occafion fait le larron.*

Va, j'ai donné les ordres néceffaires
Pour m'affurer de Baftien.

FRONTIN.

Les voici.
Leur union dérange vos affaires,
Car...
M. BARBARIN.

Viens, écoutons-les d'ici.

Ils fe cachent pour les entendre.

SCENE III.

BASTIEN. BASTIENNE.

BASTIENNE.

AIR. *Ma mi' Babichon.*

Tu m'aimes donc bien?

BASTIEN.

Dans l' monde il n'eft rien

A iv

Qui r'ſſemble à ta r'ſſemblance.
M'aime-tu bien toi ?

B A S T I E N N E.

Oui, Baſtien.

B A S T I E N.

J' te croi.
Car tu m' l'as dit d'avance.
Dam' plus ça s' fait voir,
Plus on l' veut ſçavoir.
Quand on feint qu'on l'ignore,
C'eſt qu'on eſt charmé,
Etant bien aimé,
De s' l'entendr' dire encore.

B A S T I E N N E.

Air. *Ah ! c'eſt une merveille.*

Tu n'es pas comme ces Monſieux
Qui ſe diſent bien amoureux :
Leus ſoupirs, leus deſirs, leus feux.
Ah, c' n'eſt qu'une peinture.
Mais les tiens
Et les miens,
Voilà la nature.

B A S T I E N.

Même Air.

N'as-tu pas vû paſſer par fois

De belles Dames dans nos bois
Alles avont de r'luifans minois.
 Ah , c' n'eft qu'une peinture ;
 Mais tes traits
 Toujours vrais ;
 Voilà la nature.

BASTIENNE.

Air. *Non vous ne m'aimez pas.*

Je vois lorfque j' te r'garde
Qu' tu me r'gard' tendrement.

BASTIEN.

Et parguenne j' n'ai garde
D' te r'garder autrement.

BASTIENNE.

Le foir quoiqu'il fafs' fombre ,
Mon cœur te voit venir.

BASTIEN.

Quand je n' verrois que ton ombre ,
Ça m' f'roit toujours plaifir.

Même air.

Lorfque j' m'en vais , ma p'tite ,
Je n' penfe qu'à r'venir.

BASTIENNE.

Et moi, lorfque tu m' quitte,
Je n' pens' qu'à te r'tenir.
L'Amour caufe la gêne
Qui nous fait tant fouffrir.
Mais quoiqu' ça fafs' d' la peine,
Ça fait toûjours plaifir.

BASTIENNE.

AIR. *Le ruiffeau qui dans la plaine.* N°. 1.

Tant qu'on verra la riviere,
A tout l' monde fournir d'l'iau ;
Ton minois qui fçait me plairè,
A mes yeux paroîtra biau.
Souvent dans l' ménage on s' boude
Après deux mois d'amiquié,
On fe r'poufle avecque l' coude,
On n' s'aime plus qu'à moiquié ;
Mais il n'en eft pas d' même
De c'qu'eft d'en cas d'nos amours.
Mon Baftien, tout dit, que j' t'aime,) *bis.*
Et qu' tu m'aimeras toujours.

BASTIEN.

AIR. *Quand un tendron vient en ces lieux.* N°. 2.

Donn' moi ta main.

BASTIENNE.

Prends , puifqu' tu l' veux.

BASTIEN.

J' fuis ravi quand j' la baife.

BASTIENNE.

Tien Baftien , bais' les tout' les deux.
Drès que ça t' fait bien aife.
Je fens...

BASTIEN.

Je fens auffi
Qu' ça m' tient ici.

BASTIENNE.

Moi , ça m' tient là.
Là , là.

M. BARBARIN, *fe montrant.*

Oh , oh , ah , ah , ah , ah.
Je fuis charmé de voir cela.

BASTIENNE , *emmenant Baftien.*

Viens çà.

Ils fortent.

SCENE IV.

M. BARBARIN, FRONTIN.

M. BARBARIN.

Air. *Non je ne ferai pas.*

Conçois-tu le chagrin qu'ils me jettent dans
  l'âme.
Vainement, ce butor croit l'avoir pour sa femme.
En entrant dans ce bois, Bastien doit être pris.
Suis leurs pas.

FRONTIN.

Mais Monsieur...

M. BARBARIN.

Fais ce que je te dis.

SCENE V.

M. BARBARIN, *seul.*

AIR. *D'Epicure.*

SUR moi, la fortune sans cesse
A versé bienfait sur bienfait.
Que servent le rang, la richesse,
Quand le cœur n'est point satisfait.
Sans porter aux Rois nulle envie,
Un Berger plaît dans ces Vergers ;
Mais que d'instans où dans la vie,
Les Rois voudroient être Bergers.

AIR. *Du Prevôt des Marchands.*

Près de Bastien, je suis un Roi,
Son bonheur l'emporte sur moi ;
C'est dans le cœur qu'il prend sa source.
Je voudrois bien lui ressembler ;
Faut-il que toute ma ressource
Consiste, hélas ! à le troubler.

SCENE VI.

Cette Scene & la suivante sont de M. Anseaume.

M. BARBARIN, BASTIENNE, *pleurant.*

BASTIENNE.

AIR. *J'ai perdu mon ami.* N°. 3.

MON Bastien va périr,
    A mes yeux on l' vient d' saisir.
Ils le feront mourir :
Mon Bastien va périr :
Je n' puis le s'courir :
Je n' sçais que d' venir.

AIR. *Hélas tu t'en vas.* N°. 4.

Aga ,
    Ces gens-là ,
Faut qu'ils ayent l' cœur plus dur cent mill' fois
    qu'un rocher :
        Mes pleurs,
        Mes douleurs ,
    Rien n'a pû les toucher.

Apercevant M. Barbarin.

    Monsieur ,
Que vot' bon cœur ,

Pour nous s'intereſſe ;
            Sauvez ,
                Vous l' pouvez ,
L'objet de ma tendreſſe.
Aga , &c.

Dans ce malheur extrême ;
Vous s'rez la bonté même ,
Si vous nous protegez :
Auprès de ſa Baſtienne ,
Faites que Baſtien revienne ;
J' vous s'rons bien obligés.
            Aga , &c.

M. BARBARIN.

AIR. *Du Prévôt des Marchands.*

à part ,   Bon ! mon projet a réuſſi.
haut ,   Faut-il ſe chagriner ainſi ?
              Reprenez vos ſens , ma Poulette.

BASTIENNE.

Mon cher , Monſieur , ça n' ſe peut pas
Après la perte que j'ai faite ,
Je n' deſir' plus que le trépas.

M. BARBARIN.

AIR. *Je ferai mon devoir.*

à part.   Flattons un moment ſa douleur.
haut.   Je plains votre malheur.   *bis*

BASTIENNE.

J'ai bien sujet de m'affliger,
Vous en allez juger.

AIR. *Dans ma Cabane obscure.*

J' passions dans cette av'nuë,
Causant de nos amours ;
Quatre homm' à notre vûe
S' présentent comm' des Ours,
Avec un' mein' sournoise :
L'un d'eux pousse Bastien ;
C'étoit pour chercher noise,
Car Bastien n' ly f' soit rien.

Même Air.

Moi qui n'aim' point l' tapage,
Je dis à ce mutin,
Monsieur, j' somm' du Village :
Passez vote chemin.
Sans m' répondre, il attire
De son côté Bastien ;
C'pendant, j' puis bien vous dire
Que Bastien n' l'y f' soit rien.

M. BARBARIN.

AIR. *Ah ! mon mal ne vient que d'aimer.*

Perdre un Amant, c'est presque rien.

BASTIENNE.

Mais c't Amant faisoit tout mon bien.

M. BARBARIN.

M. BARBARIN.

Pour foulager votre tourment,
Il en faut faire un autre.

BASTIENNE.

Moi, changer, nenni-dà vraiment:
J' fomm' trop content' du nôtre.

M. BARBARIN.

AIR. *Oh, oh, oh, oh. Ah, ah, ah, ah.*
Un grand Seigneut t'adore.

BASTIENNE.

Oh, oh, oh, oh, Ah, ah, ah, ah.

M. BARBARIN.

Ce n'eft pas tout encore.

BASTIENNE.

Que veut-il avec ça ?

M. BARBARIN.

Que tu l'aimes bien.

BASTIENNE.

Qu'il n'efpere rien.
Je n' puis aimer qu' Baftien.

M. BARBARIN.

AIR. *Ah ! fi j'avois connu M. de Catinat.*
Ceffe pour ce Garçon des regrets fuperflus :
Le fort en eft jetté, tu ne le verras plus ;

C'eſt par mon ordre enfin qu'il ſe voit reſſerré ;
Et plus tu l'aimeras , plus je l'y retiendrai.

BASTIENNE.

AIR. *J'ai perdu mon oiſeau.*

Et qu'en voulez-vous faire ?
Pourquoi ce traitement :
Il ne s'attendoit guère
A ça, le pauvre enfant.
Rendez-le , Monſieur , rendez-moi mon Amant.

M. BARBARIN.

AIR. *Du Cap de bonne Eſperance.*

De ce Ruſtre , ma Charmante ,
Crois-moi, perds le ſouvenir ,
La fortune te préſente
Le plus riant avenir.
J'ai de grands biens , & je t'aime :
Si de cet amour extrême ,
Tu veux m'accorder le prix ,
Tous mes biens te ſont acquis.

BASTIENNE.

AIR. N°. 5. *Quand je le vois , je perds la voix.*

Ne v'là-t'il pas
D' biaux appas !
Je n' veux point de vos richeſſes ,
Traîtreſſes.

Sans avoir d' rente ,
Je vis contente.
Quand on sçait tourner un fuseau ;
Que l'on sçait soigner un troupeau ;
On peut fort bien
N' manquer de rien.

M. BARBARIN.

AIR. *A la Ville on se laisse donc prendre.*

De ta beauté songe à faire usage ,
Tu serois bien sotte en verité ,
Pouvant briller au plus haut étage ,
De rester dans ton obscurité.

BASTIENNE.

Votre avis , Monsieur , s'roit bon à suivre :
Pourqui n' pourroit vivre ,
Sans un gros r'venu.
Mais on dit comm' ça dans not' Village ,
Qu'il est bien plus sage
D' garder sa vertu.

M. BARBARIN.

Même Air.

De cette vertu , que veux-tu faire ;
C'est un nom frivole , & sans effet.
Crois-moi , laisse-là cette chimere.
Et suis , sans rien craindre , mon projet

On brave bientôt la médifance ,
Quand vers l'opulence
On eft parvenu.

BASTIENNE.

Ça s' peut, mais on dit dans not' village ,
Qu'il eft bien plus fage
D' garder fa vertu.

M. BARBARIN.

Même Air.

Mes promeffes ne font point légeres ,
Vois-tu cette bourfe pleine d'or ;
Pourvû qu'à Baftien tu me préferes ,
Je te le donne, & bien d'autre encor ;
De mon amour c'eft un foible gage ,
Prens...

à part.   Qu'elle eft fauvage.
haut.   Oh ! tu la prendras.

BASTIENNE, *fuyant.*

Nenni dà, Monfieur, je fomm' trop fage ,
Je n' voulons point d' gage,
Quand l' marché n' plaît pas.

M. BARBARIN.

'Air. Nº. *6. Les niais de Sologne.*

Efprit farouche ,
Rien ne te touche.

Quoi ! tes mépris,
De ma tendreſſe ſont le prix !
De tant d'audace,
Mon cœur ſe laſſe.
Pour me venger,
Je ne dois plus rien négliger.

BASTIENNE.

Hélas, que faire !

M. BARBARIN.

Dans ma colere,
Je vais bientôt
Punir ce Baſtien comme il faut,
Oui, ton refus à mon Rival
Sera fatal.

BASTIENNE, *l'appellant.*

Monſieur, Monſieur.

M. BARBARIN, *revenant.*

Es-tu d'accord....

BASTIENNE, *déſeſperée.*

Baſtien eſt mort.
Je n' puis du tout
Parer le coup
Qui le ménace.

M. BARBARIN.

Il tient à toi.

BASTIENNE.

C' n'eſt pas d' moi.

ENSEMBLE.

C'eſt de vous, / Toi. } qu'il doit attendre ſa grace.

Quoique je / Puiſque tu) l'aime,

Faites vous- / Prends ſur toi-) même,

Un noble / Fais un) effort

Pour adoucir ſon triſte / D'un mot, tu peux changer ſon) ſort.

Calmez nos / Calme ſes peines,

Briſez ſes / Briſe ſes) chaînes.

Quoi ! pour Baſtien,
Baſtienne n'obtiendra donc / Baſtienne ne fera donc } rien.

M. BARBARIN.

Sois moins rebelle,
Faut-il, cruelle,
Que je te preſſe,
Que je m'abaiſſe
A tes genoux ,
Pour t'inſpirer des ſentimens plus doux.

BASTIENNE.

Qu'exigez-vous ?

M. BARBARIN.

Le ſeul bien dont je ſuis jaloux ,
Le don d'un cœur ,
Dont mon bonheur
En ce moment
Dépend.

BASTIENNE.

Je le voudrois...

M. BARBARIN.

Hé bien ! ....

BASTIENNE.

Mais hélas ! je n' ſçaurois.

M. BARBARIN.

Eſprit farouche , &c.

SCENE VII.

BASTIENNE, *seule.*

AIR. *Fidéle sans moi mon cher Bastien.*

TREDAM' il semble à ces gros Monsieux,
Dans leurs feux,
Que tout doit ramper d'vant eux ;
Parc' qu'ils sont bien riches,
Et qu'ils n' font pas chiches,
Qu'ils n'ont qu'à s' fair' voir,
Pour nous émouvoir.
Bien folle,
Qui s' fieroit à leur parole.
Moi, quitter comm' ça,
Ce pauvre Bastien, qui toûjours m'aima !
Ouidà !
Mon ame
A son nom seul s'enflamme ;
S'il n'a pas l'adresse
D' vanter sa tendresse,
Le feu de ses yeux
M' l'a fait sentir bien mieux.
Tredam' il semble à ces gros Monsieux,
Dans leurs feux,
Que tout doit ramper d' vant eux,
Parc'qu'ils sont bien riches,
Et qu'ils n' font pas chiches,
Qu'ils n'ont qu'à s' fair' voir
Pour nous émouvoir.

SCENE VIII.

BASTIENNE, FRONTIN.

FRONTIN.

AIR. *Le tout par nature.* No. 7.

A la fin, ma belle enfant,
Mon Maître eſt-il triomphant?

BASTIENNE.

Bienloin d' ça, j'ai pour c' méchant,
Du mépris, je vous jure,
Et pour Baſtien plus d' penchant;
Le tout par nature.

AIR. *J' veux être un chien.*

Quand j'avons engagé not' foi,
N'y point manquer, c'eſt not' loi.

FRONTIN.

Aiſément cela ſe peut croire,
Mais on briſe de pareils nœuds
Quand on trouve à les placer mieux,
Et puis, de mieux en mieux:
Un Seigneur curieux,
Finit par illuſtrer votre hiſtoire.

BASTIENNE.

Air. *Mais comment, ses yeux sont humides,*
A tout ça je n' puis rien comprendre.

FRONTIN.

Oh ! je vais vous le faire entendre.
A Paris plus d'une Goton,
Qui n'emporta de son Village
Qu'un beau minois, pour tout bagage,
En moins d'un an se fait un nom.
Prend un hôtel, des gens, un ton ;
Ses grands airs, ses mines, ses graces,
Se repetent dans trente glaces.
Goton, qui pour un beau corcet,
Eût laissé briser son lacet,
A présent joue à la Princesse.
Enfin, celles de son espéce,
Que bornoit un mets très-frugal,
Mangeroient le Thrésor Royal.

BASTIENNE.

Air. *A table je suis Grégoire.*

Oh moi, sans faire la fiere,
Je sçais m' conduir' Dieu merci ;
Si chacun a sa maniére
D'aimer, j'ons la nôtre aussi.
Sur l'herbe dans l'innocence,
Du pain sec nous est plus cher,
Qu'un r'pas plein d' magnificence ;
Que le répentir rend amer.

SCENE IX. *& derniere.*

BASTIENNE, FRONTIN, BASTIEN,

Conduit par une Troupe de Payſans.

BASTIEN.

AIR. *Ah maman que je l'échappe belle.*

AH Baſtienne ! que je l'échappons belle ,
    Bais'-moi, mes amours,
    M'aim'-tu toûjours.

BASTIENNE.

Oui , j' ſuis fidéle.

BASTIEN.

Ah Baſtienne ! que je l'échappons belle.

BASTIENNE.

Cont' moi , tout ça.

BASTIEN.

Oui , tien , j' m'en vais commencer par là.
Ces Bergers qui voyont qu'on m'emmene ,
    D' Monſieur Barbarin
    Rendent ſoudain
    L'attente vaine.
Craignant tout , il a cedé ſans peine ,
    Mon Parain l' Bailli
Liy a fait entendr' raiſon auſſi.

Ah Baſtienne ! que j' l'échappons belle
Malgré les Envieux,
J' ſerons heureux.

BASTIENNE.

La bonn' nouvelle !

BASTIEN.

Puiſque mon Parain de tout ça ſe mêle,
J' ſerons tôt mariés :
D' la nôce, ils ſont déja priés.

BASTIENNE.

AIR. *Ah ! mon mal ne vient que d'aimer.*

Tien, tout c' biau monde a l' cœur ſi bon,
Qu'ils m' plaignoient dans mon affliction.
Il faut les r'mercier.

BASTIEN.

T' as raiſon.

BASTIENNE.

Mais faut d' la belle parole.

BASTIEN.

Au lieu d' ça chante ſte chanſon
Qu'a fait not' Maître d'Ecole.

RONDE.

Air. *Hé Madame qu'attendez-vous Madame.*

NE quittons jamais nos hameaux,
L'Amour se plaît sous nos ormeaux :
Ne quittons jamais nos hameaux,
Les plaisirs y sont toujours nouveaux.

Laissons, laissons aux Grands de la Ville,
L'art de n'en pas trouver entre mille.

Le vrai bien nous suit,
Autant qu'il les fuit :
Chez eux on éblouit ;
Mais ici l'on jouit.

Ne quittons jamais, &c.

Une Dame
Qui s'enflamme,
Pour mieux plaire,
Doit le taire.
Mais en aimant nous le disons,
C'est en le disant que nous plaisons.

Ne quittons jamais, &c.

Parmi nous on voit l'Amour soûrire :
Tristement à la Ville on soûpire.

Nos Bergers heureux ,
Toujours amoureux ,
Au sein de l'enjoüement
Puisent le sentiment.

Ne quittons jamais nos hameaux , &c.

La Bergere ,
Est sincére ,
Sans caprice ,
Sans malice ,
Elle dit un oüi de bon cœur.

Ne quittons jamais nos hameaux , &c.

BASTIEN.

AIR. *Ça n' durera pas toujours.*

Enfin not' chagrin cesse ,
Et j'allons être Epoux.

BASTIENNE , *au Public.*

Messieurs , quoiqu' ça nous presse ,
Et que rien n' soit si doux :
J' vous quittons malgré nous , *quatre fois,*

Fin de la Nouvelle Bastienne.

LA FONTAINE DE JOUVENCE,

BALLET NOUVEAU,

De la Composition de M. NOVERRE, *Maître des Ballets de l'Opera-Comique.*

Danſé pour la premiére fois ſur le Théâtre de la Foire St. Laurent, le 16. Septembre 1754.

LE Théâtre repréſente un jardin orné de berceaux, de fleurs, &c. Dans le fonds eſt une Fontaine, dont les eaux ont la vertu de rendre la jeuneſſe. Au-deſſus eſt le Temple de l'Amour. Des Bergers & des Bergeres, rangés ſur les degrés du Temple, rendent graces à l'Amour qui les a rajeunis.

UN BERGER chante ſur l'air : *A l'Amour rendez les armes.*

> Tendre Amour, reçois l'hommage,
> Que méritent tes bienfaits.
> Tu nous rends notre bel âge,
> Et ce gage
> Nous engage
> A te ſervir à jamais.

UNE BERGERE, *sur le mineur du même air.*

> C'est de toi que tout tient l'être,
> Tu fais le bonheur des Dieux.
> Le plaisir que tu fais naître,
> Place un mortel dans les Cieux.
> Soupirer, c'est te connoître ;
> Qui te connoît est heureux.

Entrée de Bergers & de Bergeres, portant chacun une houlette & une guirlande de fleurs.

ENTRÉE D'HÉBÉ.

Les Bergers reprennent leur danse avec les guirlandes seulement.

Quatre Vieillards viennent se mêler à la fête. Se voyant rebutés des jeunes Bergers, l'un d'eux exprime ainsi ses plaintes.

Air. N°. 2. *Ah ! qu'on est heureux de mourir.*

> Ah ! qu'il est affreux de vieillir } *bis.*
> Quand on sent encor que l'on aime

Une Vieille implore le secours de l'Amour pour obtenir d'être rajeunie.

Air. N°. 3. *Fatal amour, cruel vainqueur.*

> Sois favorable à nos desirs,
> Ta voix sçaura pour nous reveiller les plaisirs. } *bis.*

De

De tes feux remplis nos âmes ;
Nos corps font abattus fous le poids de nos ans.
Viens , Amour , ranimer nos fens ,
Ou dans nos cœurs éteins tes flammes.

Sois favorable à nos defirs , &c.

C'eft toi dont le pouvoir communique à ces ondes
Le fecret qui nous rend l'ufage des beaux jours.
Hélas ! accorde-nous un genereux fecours,
Ouvre-nous les tréfors de ces fources fécondes.

Sois favorable à nos defirs , &c.

Les Vieillards vont à la Fontaine , on leur préfen-
te à boire , & dans l'inftant on les voit fe transformer
en jeunes Bergers. Deux d'entr'eux reviennent fur le
bord du Théâtre , & chantent.

D U O.

Air. *Regne Amour , &c.* N°. 4.

Chante un Dieu que j'adore ,
Vole , viens dans mes bras ;
Un plaifir plein d'appas ,
Eft l'encens qui l'honore.

Les deux autres Vieillards rajeunis danfent une
Pantomime.

ENTRÉE DE L'AMOUR.

Une Bergere adreſſe à l'Amour cette Arriette.

Air. *Petits Maîtres ſans cervelle.*

Dieu charmant ! ton doux Empire
　Eſt l'empire du bonheur ;
　Une Belle laiſſe lire
　A travers de ſa rigueur ,
L'eſpoir d'un moment flatteur.
　　Elle ſoupire ,
　　Un doux martire.
Te ſoumet bientôt ſon cœur ;

Dieu Charmant, &c.

A ſon tour l'Amant ſoûpire ;
Tous deux d'un tendre délire ,
Goûtent bientôt la douceur.
　　Tu les inſpire
A ſaiſir l'inſtant flatteur.

Dieu charmant , ton doux Empire , &c.

La Muſique ſe trouve dans le Chinois poli en France.

L'AMOUR CHANTE.

Air. *Fanfare de Bourgogne.*

Peuple heureux , de ma puiſſance
Vous reſſentez les effets ;
Que votre reconnoiſſance
Soit le prix de mes bienfaits ?

Que tout s'éclaire & s'enflamme ?
Que des fleurs forment vos fers,
Et qu'enfin une même âme
Semble animer l'Univers.

Les quatre parties du monde se rassemblent aux ordres de l'Amour ; sçavoir, l'Europe représentée par trois François, l'Asie représentée par trois Turquesses, l'Afrique représentée par trois Negres, & l'Amerique représentée par trois Américaines.

E N T R É E *des quatre Nations.*

PAS DE DEUX, *un Turc & une Turquesse.*

UN TURC CHANTE.

AIR. *Contredanse du Ballet Chinois.*

Un François n'est qu'un diminutif
  D'un Musulman actif,
Son cœur toujours apprentif
    Est plaintif,
    Est craintif
    Pour la récidive ;
    Sa flamme tardive,
    D'un minois sensitif,
Pique l'amour propre au vif.
Chez nous l'Amour plus instructif,
    Dans l'instant est décisif.
Moins maniéré, mais plus naif ;

C ij

Son tranfport eft démonftratif.
Voit-on d'un objet tentatif
Le coup d'œil expreffif,
Notre feu pour lors exceffif,
A fon ordre attentif,
Fait un jeu du fuperlatif.

PAS DE TROIS NEGRES.

Le Ballet finit par une Contredanfe de cerceaux de fleurs.

FIN.

Les Airs de la Fontaine de Jouvence fe vendent feparement.

Vû, permis de repréfenter & d'imprimer à la charge d'enregiftrement à la Chambre Snydicale, ce 15 Septembre 1754. **BERRYER.**

Le Privilége & l'enregiftrement fe trouve à la fin du nouveau Recueil des Piéces Nouvelles, qui ont été Répréfentées fur le Théâtre de l'Opéra Comique.

Pour la page 10. lisez ce qui suit.

BASTIEN.

Air. *De Manon Girou.*

Si s'lon l' goût de ta magniere,
Je te parois genti ;
Moi, j' te regarde ma Bergere
Comme la parl' d'ici.

BASTIENNE,

Ailleurs, comm' dans not' Village,
Cornette ou chapiau :
L'objet qu'on aim' davantage
Nous paroît le plus biau.

BASTIEN.

Air. *Ne v'là-t'il pas que j'aime.*

J' nous unirons avec plaisir.

BASTIENNE, *soupirant.*

Oh ! oui, foi d'honnêt' fille.

BASTIEN.

Mais, t'nez, voyez rien qu'un soupir.
Ne vlà-t'il pas que j' grille.

Il faut reprendre la page 10. à ces mots. Donn'
moi ta main.

Piéces in-18·
    de M. de Boiffy.
Le Retour de la Paix.
Le Prix du Silence.
La Frivolité , 1753.
Mahomet , *Tragédie.*
L'Eunuque , *Parade.*
Agathe , ou la chafte
  Princeffe , *Comédie.*
Sirop au cul , *T.*
Les deux Bifcuits , *T.*
Le Pot-de-chambre caffé ,
  T. pour rire , & *C.* pour
  pleurer.
Le tribunal de l'Amour.
La double Extravag. *Com.*
Le Magnifique , *Com. avec*
  un Divert.
Le Miroir , *Comédie.*
Le Bacha de Smirne , *C.*
L'Année Merveilleufe , *C.*
La Mort de Bucephale.
Benjamin, ou la reconnoif-
  fance de Jofeph , *Trag.*
Alexandre Tyran.
Les parfaits Amans , ou les
  Métamorphofes , *Com.*
Alcefte , *Divertiffement.*
Les Hommes , *Com.-Bal.*
Les Femmes , *Com.-Bal.*
Brioché , *Parodie.*
L'Amant déguifé, *Parodie.*
    Piéces in-12.
L'École des Peres , *Com.*
Callifthène , *Tragédie.*
Les Courfes de Tempé ,
  Paftorale.
Guftave , *Tragédie.*
La Métromanie , *Com.*

Les Mariages affortis , *C.*
La Coquette fixée , *Com.*
Le Réveil de Thalie , *C.*
L'École du monde , *Com.*
Le Retour de l'Ombre de
  Moliére , *Comédie.*
Les Petits-Maîtres , *Com.*
Le Provincial à Paris , *C.*
Les Fauffes Inconftan. *C.*
La Feinte fuppofée , *Com.*
Califte, ou la Belle Pén. *T.*
Mérope , *T.*
Le Marchand de Londres ,
  Tragédie Bourgeoife.
La Partie de Campag. *C.*
Le Plaifir , *C. avec un D.*
Vanda , Reine de Polo. *T.*
Les Souhaits , *Comédie.*
Momus Philofophe , *C.*
Electre d'Euripide , *Trag.*
Cénie , *Piéce dram.* ς *Act.*
La Colonie , *Comedie.*
Le Valet Maitre , *Com.*
La Gageure , *Comédie en*
  trois Actes & en Vers lib.
Varon , *Tragédie.*
Abaillard & Héloïfe , *Pie-*
  ce dramatique.
Les Engagemens indif. *C.*
La Métempficofe , *Com.*
L'Héritier généreux , *C.*
L'Amante ingénieufe , *C.*
La Fauffe Prévention , *C.*
Les Veuves , *Comédie.* *A.*
Les Adieux du Goût , *C.*
Le Retour du Goût , *C.*
La Campagne.
Les Lacedemoniennes.

OPERA-COMIQUES NOUVEAUX *depuis* 1752.

AIRS
de la Nouvelle Bastienne
Opera Comique

Nº 2 Bastien   Bastienne
Donn' moi ta main prens puis qu'tu
Tien Bastien bais' les tout les
j'veux j'suis ravi quand j'la Baise
deux dres que ça t'fait bien ai se
je Sens je Sens aus si qu'ça m'tient là
moi ça m'tient là, ta, la lch on! ah! ah! ah!
ah! je suis charmé de voir ce la rien qu
Nº 3
Mon Bastien va perir a mes yeux on l'vient d'sa
vir ils le feront mourir mon Bastien va
perir je ne puis le Scourir je n'scai que d'venir

N° 4
traîtres gens là, faut qu'ils ayent l'cœur plus
dur cent mil'fois qu'un rocher mes pleurs, mes dou
leurs, rien n'a pu les toucher
Monsieur, qu'vot'bon cœur Sauvés vous l'pouvés,
au rondeau
pour nous s'in te resse l'obj jet d'ma tendresse, dans ce malheur extrême
vous s'rés la bonté même, si vous nous protégés auprès de
au rondeau
sa Bastienne, faut que Bastien revienne; vous srons bien obligés
N° 5
Ne vla t il pas de biaux appas, je n'veux point
d'vos richess traitress, sans avoir d'rente

je vis contente, quand on sçait tourner un fu
-seau, que l'on sçait soigner un troupeau, on peut
fort bien n'manquer de rien.
N.º 6
Esprit farouche, rien ne te touche, puoi les mé
pris de ma tendresse sont le prix de tant d'audace mon
cœur se lasse, pour me vanger je ne dois plus rien negliger
Bastienne   Barbarin
Helas que faire, dans ma colere, je vais bientot pu—
nir ce Bastien comme il faut, oui ton refus a mon ri—

Bastienne
val se ra fa tal. Monsieur, Mon
Barbarin   Bastienne
sieur, es tu d'accord Bastien est Mort.
Je'n puis du tout parer le coup qui le me
na ce il tient a toi. c'n'est pas moi.
DUO Bastienne
c'est de vous qu'il doit attendre sa
Barbarin
c'est de toi qu'il doit attendre sa
grace, quoi que je l'aime, fai tes vous
grace, puis que tu l'aime, prens sur toi

même un noble effort, pour adoucir so...
même, fais un effort, d'un mot tu peux cha...
triste sort, calmés nos pei nes, Bri...
ger son sort, cal me ses pei nes, Bri...
-ses ses chai nes, Quoi! pour Bas...
-se ses chai nes, Quoi! pour Bas...
tien, Bastienne n'obtiendra donc rien?
tien, Bastienne ne se ra donc rien.

Barbarin
sois moins rebelle, faut il cruelle, que
je te presse, que je m'abaisse a tes ge=
noux, pour t'inspirer des sen ti mens
Bastienne   Barbarin
plus doux, qu'exigez vous le seul bien
dont je sois jaloux, le don d'un cœur dont
Bastienn.
mon bonheur en ce moment depend je
Barbarin   Bastienne
le voudrois. eh bien? mais helas !
da Capo
je n'scaurois ..

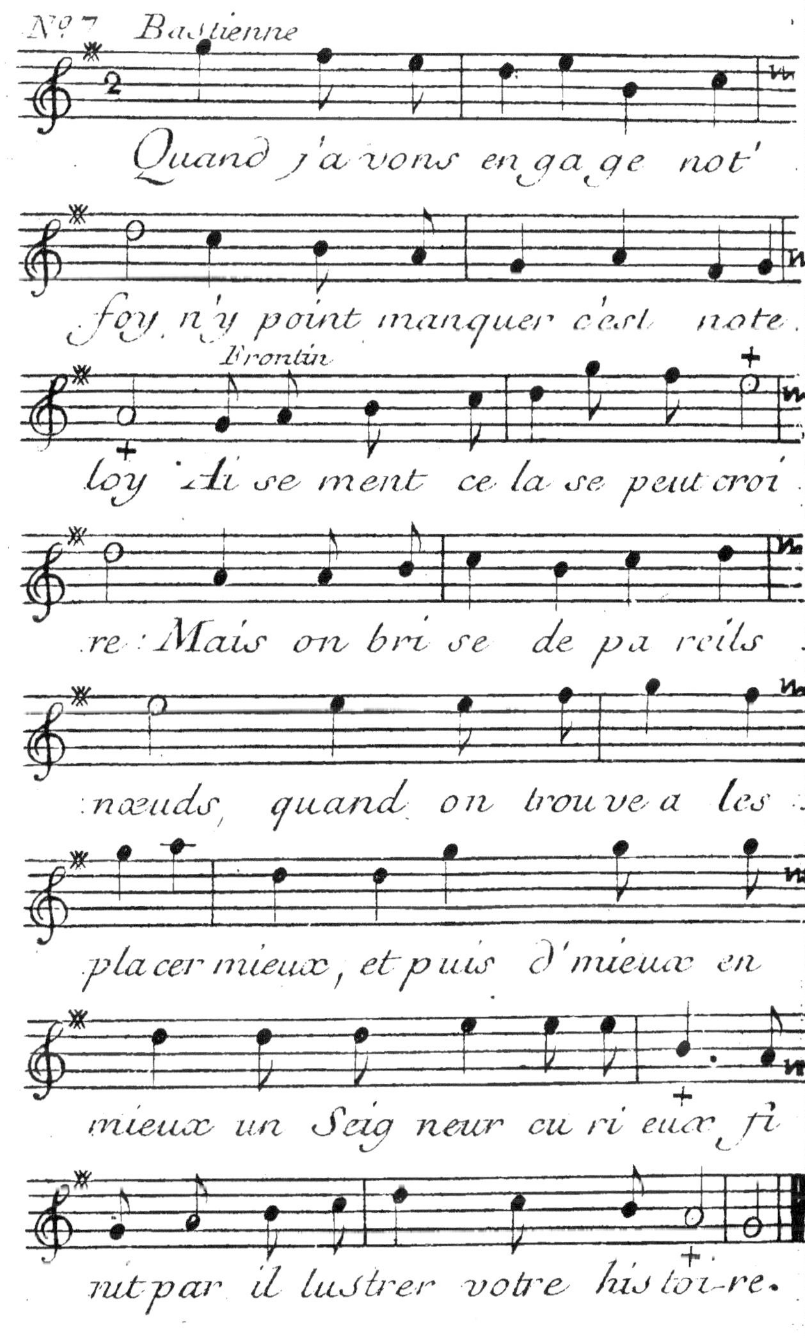

Nº 7 Bastienne
Quand j'avons engage not'
foy, n'y point manquer c'est note
Frontin
loy Ai se ment ce la se peut croi
re: Mais on brise de pa reils
nœuds, quand on trouve a les
placer mieux, et puis d'mieux en
mieux un Seig neur cu ri eux fi
nit par il lustrer votre his toi-re.